# Buku Masakan Salad Buah

100 resipi salad buah-buahan yang menakjubkan untuk kesihatan anda

John Harman

© HAK CIPTA 2024 SEMUA HAK TERPELIHARA

Dokumen ini ditujukan untuk menyediakan maklumat yang tepat dan boleh dipercayai mengenai topik dan isu yang diliputi. Penerbitan itu dijual dengan idea bahawa penerbit tidak perlu memberikan perkhidmatan perakaunan, dibenarkan secara rasmi atau sebaliknya perkhidmatan yang layak. Jika nasihat diperlukan, undang-undang atau profesional, individu yang diamalkan dalam profesion itu harus dipesan.

Sama sekali tidak sah untuk menghasilkan semula, menduplikasi, atau menghantar mana-mana bahagian dokumen ini sama ada dalam cara elektronik atau format bercetak. Merakam penerbitan ini adalah dilarang sama sekali, dan sebarang penyimpanan dokumen ini tidak dibenarkan melainkan dengan kebenaran bertulis daripada penerbit. Hak cipta terpelihara.

**Penafian Amaran,** maklumat dalam buku ini adalah benar dan lengkap sepanjang pengetahuan kami. Semua cadangan dibuat tanpa jaminan di pihak pengarang atau penerbitan cerita. Penafian dan liabiliti pengarang dan penerbit berkaitan dengan penggunaan maklumat ini

# Isi kandungan

Buku Masakan Salad Buah....................................................... 1

PENGENALAN.............................................................................. 8

RESEPI SALAD BUAH-BUAHAN................................................ 11

   1. Salad Buah Ayam Kuskus.................................................. 11

   2. Salad buah suam............................................................... 13

   3. Salad buah-buahan........................................................... 15

   4. Salad Buah Asparagus Hijau............................................ 17

   5. Salad Buah dengan Krim Kelapa...................................... 20

   6. Salad Buah Simone........................................................... 22

   7. Salad Buah dengan Madu................................................. 25

   8. Nasi Strawberi pada Salad Buah...................................... 27

   9. Salad buah dengan alpukat dan yogurt........................... 29

   10. Salad buah dengan strawberi, tembikai dan mozzarella. 31

   11. Salad buah dalam gelas dengan ais krim dan biskut roti pendek................................................................................ 34

   12. Salad buah dengan tembikai, beri biru dan keju biri-biri 36

   13. Salad buah dengan alpukat, raspberi dan kacang........... 38

   14. Salad buah panggang dengan strawberi, nanas, buah tin dan limau gedang............................................................. 40

   15. Salad buah-buahan bakar dengan pukulan..................... 43

   16. Salad buah piña colada tropika....................................... 46

   17. Salad buah bakar.............................................................. 49

   18. Salad buah chicory........................................................... 51

19. Salad kiwi..................................................................54
20. Salad mi buah-buahan............................................56
21. Salad kiwi emas dengan nanas dan yogurt..............59
22. Popsikel buah-buahan.............................................62
23. Salad limau mandarin flambéed..............................65
24. Mangkuk diperbuat daripada adunan biskut...........68
25. Kroket berangan manis............................................71
26. Salad buah dengan krim vanila dan biskut bijih......74
27. Salad buah dengan semangat..................................77
28. Salad buah dengan kayu manis...............................79
29. salad buah................................................................81
30. Salad buah eksotik...................................................83
31. Salad buah dengan aiskrim vanila...........................85
32. Salad buah dengan sepakan....................................88
33. Salad buah dengan kismis rum................................90
34. Salad buah dengan topi yogurt................................92
35. Salad buah dengan yogurt.......................................94
36. Salad buah dengan camembert...............................96
37. Salad buah dengan biji bunga matahari..................98
38. Salad buah dengan sos yogurt...............................101
39. Salad buah dengan sos yogurt vanila....................104
40. Salad buah cepat....................................................106
41. Buah tropika dan salad buah dengan sepakan.....108
42. Salad buah berwarna-warni...................................110

43. Krim yogurt dadih dengan salad buah...........112
44. Salad buah tanpa gula...................115
45. Salad buah-buahan yang ringkas................117
46. Salad buah vegan........................119
47. Salad buah kuning.......................121
48. Salad buah tembikai.....................123
49. Salad buah kiwi........................125
50. Salad buah plum dan nanas................127
51. Salad buah dengan delima................129
52. Salad buah dengan kacang................131
53. Koktel buah-buahan segar................133
54. Salad buah dengan pudina................135
55. Salad Tembikai dan Pear dengan Udang......137
56. Salad oren dan kiwi dengan ais...........139
57. Kolak ceri masam.......................142
58. Nanas dengan pukulan...................144
59. Cuka bunga tua........................146
60. Puding soya dengan salad buah berwarna-warni.........148
61. Salad buah dengan tembikai...............150
62. Salad buah pir dan plum..................152
63. Salad buah dengan celup kacang...........154
64. Salad buah kelapa dengan ais hancur.......156
65. Ais krim dengan sos kacang dan salad buah.................159
66. Salad buah-buahan......................161

67. Salad buah dengan balutan buah.................................163
68. Salad buah bakar dengan gratin sejuk......................166
69. Salad buah dengan quinoa rangup............................168
70. Salad buah dengan sirap chachacha..........................171
71. Salad buah dengan sos minuman keras.....................174
72. Salad buah Mediterranean.........................................177
73. Wafel soba dengan salad buah..................................180
74. Muesli dengan salad buah eksotik.............................183
75. Salad buah Asia dengan mi kaca...............................186
76. Salad buah pedas........................................................188
77. Tembikai dengan laici dan nanas..............................190
78. Telur dan salad buah..................................................192
79. Salad buah pir dan anggur.........................................194
80. Salad buah-buahan dengan Campari........................197
81. Pembalut masam manis.............................................199
82. Krim eggnog...............................................................201
83. Parfait anggur biru dengan salad oren dan anggur.......204
84. Terrine keju dengan walnut.......................................207
85. Salad broker...............................................................209
86. Pakaian Perancis........................................................211
87. Salad buah hering......................................................214
88. Ais krim dengan sos kacang dan salad buah.............217
89. Nasi Strawberi pada Salad Buah................................219
90. Salad buah dengan alpukat dan yogurt....................221

91. Salad buah-buahan yang ringkas...................................223

92. Salad buah-buahan tradisional....................................226

93. salad buah berkrim......................................................228

94. Salad buah dengan susu pekat....................................231

95. Salad buah dengan krim masam................................233

96. Salad buah-buahan yang sepadan..............................236

97. Salad buah gourmet....................................................238

98. Salad buah dengan sos yogurt...................................241

99. Salad buah dengan sos yogurt vanila.........................244

100. Salad buah cepat......................................................246

KESIMPULAN.......................................................................248

# PENGENALAN

Buku Masakan Salad Buah sangat berkhasiat. Melemparkan pelbagai buah-buahan ke dalam mangkuk besar boleh menjadi semudah itu. Ia tidak menjadi lebih baik daripada itu. Saya telah menggunakan salad ini sebagai hidangan cepat untuk dibawa ke acara potluck atau sebagai hadiah untuk dibawa bersama anda apabila anda menjadi tetamu makan malam. Ia adalah hidangan yang sangat serba boleh yang boleh dimakan oleh sesiapa sahaja, dan ia sangat baik untuk vegetarian!

Salad secara umumnya boleh memberi kesan positif kepada kesihatan seseorang. Walau bagaimanapun, dengan memasukkan hidangan ini sebagai sebahagian daripada diet biasa, orang ramai boleh meningkatkan kualiti kesihatan diet mereka dengan ketara. Buku Masakan Salad Buah-buahan boleh dibuat dengan apa-apa jenis buah-buahan dan menyediakan cara yang lazat dan sihat untuk menggalakkan gaya hidup yang lebih sihat.

Salah satu sebab orang harus makan lebih banyak salad jenis ini adalah untuk menurunkan berat badan. Di samping itu, orang mendapat tenaga apabila mereka mengambil bilangan buah-buahan yang disyorkan. Tenaga tambahan ini boleh membantu memotivasikan seseorang untuk lebih kerap bersenam. Apabila digabungkan dengan senaman, Buku Masakan Salad Buah-buahan boleh mengurangkan simpanan lemak yang tidak sihat dalam badan.

Orang ramai boleh menurunkan paras natrium dan kolesterol berbahaya dalam darah mereka dengan memasukkan salad ini dalam diet mereka. Kedua-dua natrium dan kolesterol telah dikaitkan dengan risiko kesihatan apabila diambil dalam jumlah yang banyak dalam tempoh yang lama. Oleh itu, pengambilan Buku Masakan Salad Buah adalah salah satu cara untuk mengawal paras natrium dan kolesterol.

Buku Masakan Salad Buah ialah cara terbaik untuk menggalakkan kesihatan jantung. Peningkatan tenaga, senaman dan menurunkan kolesterol adalah langkah pencegahan untuk penyakit jantung. Buku Masakan Salad Buah-buahan juga boleh membantu mencegah perkembangan pelbagai jenis sel kanser dalam badan. Penyakit jantung dan kanser adalah isu kesihatan utama yang dihadapi rakyat Amerika hari ini, dan ia boleh dielakkan dengan memakan Buku Masakan Salad Buah.

# RESEPI SALAD BUAH-BUAHAN

## 1. Salad Buah Ayam Kuskus

## Bahan-bahan untuk 4 hidangan

- 200 g couscous
- 1 biji bawang merah dihiris halus
- 250 g dada ayam
- 1 mentega
- 2 madu
- 0.5 sudu kecil jintan campur
- 0.5 sudu teh buah pelaga
- 150 ml yogurt tanpa lemak
- 100 g kacang cincang kasar
- 1 dos kepingan pic
- 1 garam asas

**persiapan**

1. Sediakan couscous mengikut arahan pada paket. Basuh dada ayam, keringkan, perasakan dengan garam dan lada sulah dan potong ke dalam jalur.
2. Panaskan mentega dan tumis bawang besar bersama potongan ayam di dalamnya. Toskan pic dan potong kiub kecil.
3. Campurkan yogurt dengan rempah, madu, kacang dan couscous, bawang dan jalur ayam. Akhir sekali lipat dalam kepingan pic.

## 2. Salad buah suam

## Bahan-bahan untuk 4 hidangan

- 10 keping buah tin kering
- sudu besar sultana
- 300 ml wain putih
- 1 sudu teh kayu manis
- 1 sudu jus lemon
- 4g gula
- 4 biji epal

## persiapan

1. Masukkan epal, buah ara dan sultana dengan wain ke dalam periuk dan tutup semuanya dengan air.
2. Anda menambah kayu manis, lemon dan gula dan biarkan semuanya masak bersama untuk masa yang singkat. Tetapi, sudah tentu, epal mesti tetap kukuh untuk digigit.
3. Susun semua dalam mangkuk dan nikmati.

3. Salad buah-buahan

Bahan-bahan untuk 4 hidangan

- 2 pc kiwi
- 2 pc oren
- 1pc mangga
- 1 pc halia (2 cm)
- 2 sudu besar madu
- 5 sudu besar jus epal

**persiapan**

1. Kupas dan isi oren, kupas kiwi dan mangga dan potong kecil.
2. Kupas halia, potong ke dalam kiub kecil, dan goreng dengan madu dalam kuali selama beberapa minit. Deglaze dengan jus epal dan tuangkan ke atas buah. Biarkan ia curam sebentar.

## 4. Salad Buah Asparagus Hijau

**Bahan-bahan untuk 2 hidangan**

- 5 keping asparagus hijau (batang nipis)
- 4 keping strawberi
- 1 biji oren
- 0.25 keping nanas
- 1 keping kiwi
- 1 keping epal (kecil)
- 0.5 keping pisang
- 1 keping lemon
- 2 sudu besar minyak zaitun ringan
- 1 keping limau nipis (jus + perahan untuk perapan)
- 1 pc oren (jus + kulit untuk perapan)
- 1 tangkai balsem lemon

**persiapan**

1. Basuh asparagus hijau, potong separuh memanjang dan bersilang menjadi lebih kurang. 2 cm. Basuh strawberi, buang tangkai dan potong menjadi kepingan. Kupas, suku dan potong kiwi.
2. Kupas dan sukukan nanas, keluarkan tangkai, potong seperempat ke dalam kiub kecil, gunakan selebihnya untuk tujuan lain.

3. Kupas dan isi oren, kumpulkan jus yang bocor dan gunakan untuk pembalut. Perah limau. Basuh epal, potong separuh, keluarkan inti, potong baji dan segera gerimis dengan separuh daripada jus lemon yang diperah (supaya ia tidak menjadi perang).
4. Kupas pisang dan potong menjadi kepingan, juga renjiskan dengan jus lemon yang tinggal.
5. Campurkan perban daripada jus limau dan oren, kulit (setiap separuh daripada dua buah) dan minyak zaitun.
6. Masukkan buah-buahan yang disediakan dengan asparagus ke dalam mangkuk dan lipat dengan teliti dalam pembalut. Hiaskan dengan daun lemon balm.

## 5. Salad Buah dengan Krim Kelapa

Bahan-bahan untuk 4 hidangan

- 1 pc tembikai gula
- 2 pc pisang
- 3 biji buah kiwi
- 1pc nenas
- 250 ml krim putar
- 2 sudu besar gula pasir
- 100 ml santan

persiapan

1. Pisang, tembikai gula, kiwi dan nanas dikupas dan tembikai juga diadu. Kemudian buah dipotong menjadi kiub kecil.
2. Krim putar sehingga kaku dengan pengadun, gula dan santan dicampur secara beransur-ansur.
3. Ini menghasilkan krim yang licin, tetapi krim putar tidak boleh dipukul terlalu lama, selama maksimum 2 minit.
4. Akhirnya, buah diedarkan dalam mangkuk pencuci mulut dan ditutup dengan krim kelapa.

# 6. Salad Buah Simone

## Bahan-bahan untuk 4 hidangan

- 1 keping tembikai madu
- 1 keping kiwi
- 1 keping pisang
- 5 keping blueberry
- 5 pc raspberi
- 3 keping strawberi

*Bahan-bahan untuk perapan*

- 1 keping lemon (jus)
- 1 sudu besar gula
- 1 secubit serbuk halia

**persiapan**

1. Kupas dan inti tembikai dan potong pulpa dengan pemotong bola untuk mendapatkan bebola tembikai yang bagus. Seterusnya, kupas kiwi dan potong.
2. Basuh dan toskan blueberry dan raspberi, basuh strawberi, keluarkan sayur-sayuran, belah dua atau potong menjadi kepingan. Kupas dan hiris pisang.
3. Masukkan semua buah ke dalam mangkuk, campurkan dengan gula, jus lemon dan

serbuk halia. Biarkan perap selama 30 minit, bahagikan kepada gelas dan hidangkan sejuk.

## 7. Salad Buah dengan Madu

Bahan-bahan untuk 6 hidangan

- 3 biji pisang
- 250 g strawberi
- 100 g anggur biru tanpa biji
- 100 g anggur putih tanpa biji
- 2 pc oren
- 2 pc kiwi
- 1pc epal
- 1pc pir
- 1pc lemon
- 5 sudu besar madu

**persiapan**

1. Kupas pisang, oren dan kiwi, basuh strawberi, keluarkan sayur-sayuran, dan potong buah menjadi kepingan kecil.
2. Basuh anggur, potong separuh dan tambahkan ke baki buah. Potong epal dan pear ke dalam baji, inti dan potong menjadi kiub kecil dan campurkan dengan buah yang lain.
3. Perap dengan jus lemon dan madu.

8. Nasi Strawberi pada Salad Buah

**Bahan-bahan untuk 2 hidangan**

- 500 g buah segar (secukup rasa)
- 0.5 cawan krim putar
- 3 sudu strawberi Mövenpick
- 5 titik jus lemon

**persiapan**

1. Basuh, kupas dan potong buah-buahan, letakkan di atas pinggan dan gerimis dengan jus lemon.
2. Letakkan ais krim strawberi pada salad buah.
3. Hiaskan dengan krim putar dan kon ais krim.

9. Salad buah dengan alpukat dan yogurt

**bahan-bahan**

- 1 epal
- 1 buah alpukat
- 1/2 biji mangga
- 40 g strawberi
- 1/2 buah lemon
- 1 sudu besar madu
- 125 g yogurt semulajadi
- 2-3 sudu besar kepingan badam

**persiapan**

1. Pertama, untuk salad buah dengan alpukat dan yogurt, basuh epal dan keluarkan inti dan dadu. Seterusnya, inti avokado dan mangga dan juga potong kiub. Basuh strawberi dan potong separuh. Akhir sekali, potong lemon dan keluarkan jus daripada separuh.
2. Campurkan yogurt asli dan madu dengan baik. Tuangkan bahan yang telah dipotong ke dalam mangkuk yang lebih besar dan masukkan campuran madu dan yogurt. Salad buah dengan alpukat dan yogurt, taburkan dengan badam dan hidangkan.

10. Salad buah dengan strawberi, tembikai dan mozzarella

**bahan-bahan**

- 1/2 buah tembikai madu
- 1/4 buah tembikai
- 250 g strawberi
- 2 pek mini mozzarella
- 1/2 tandan pudina
- 1/2 tandan selasih
- 1 oren
- beberapa sirap maple

**persiapan**

1. Untuk salad buah dengan strawberi, tembikai dan mozzarella, mula-mula keluarkan kulit dan biji tembikai dan potong dadu. Seterusnya, basuh strawberi, keluarkan hijau dan potong strawberi separuh memanjang. Seterusnya, petik pudina dan selasih. Cincang halus pudina. Toskan bebola mozzarella dengan baik.
2. Perahkan jus oren dan campurkan dengan sedikit sirap maple.
3. Campurkan semua bahan kecuali basil dalam mangkuk besar.

4. Bahagikan salad buah dengan strawberi, tembikai dan mozzarella dan hidangkan dihiasi dengan selasih.

11. Salad buah dalam gelas dengan ais krim dan biskut roti pendek

**bahan-bahan**

- 200 g raspberi
- 4 aiskrim vanila
- 2 buah markisa
- 15 biji biskut shortbread
- 1 sudu teh gula halus
- 10 helai daun pudina

**persiapan**

1. Pecahkan biskut shortbread kepada kepingan besar untuk salad buah dalam gelas dengan ais dan bahagikan antara 4 gelas. Campurkan raspberi dengan pulpa markisa dan gula aising.
2. Letakkan satu sudu ais krim vanila di atas roti pendek dan hiaskan salad buah di dalam gelas dengan raspberi dan sedikit pudina.

12. Salad buah dengan tembikai, beri biru dan keju biri-biri

## bahan-bahan

- 1/4 buah tembikai
- 1/4 tembikai madu
- 1/4 tembikai gula
- 100 g beri biru
- 5 biji kopi (kisar)
- 100 g keju biri-biri (atau keju kambing)
- 10 helai daun pudina
- 1 sudu besar madu

## persiapan

1. Kupas tembikai untuk salad buah dengan tembikai, beri biru, dan keju biri-biri dan potong menjadi kiub besar.
2. Campurkan dengan blueberry dan sapukan di atas pinggan.
3. Sapukan kopi yang telah dikisar pada tembikai. Potong keju menjadi jalur nipis dan letakkan di atas salad tembikai.
4. Salad buah-buahan disiram dengan sedikit madu dan dihiasi dengan pudina.

13. Salad buah dengan alpukat, raspberi dan kacang

**bahan-bahan**

- 2 buah alpukat
- 150 ml krim putar
- 1/4 lemon (jus)
- 50 gram gula
- 200 g raspberi
- 2 sudu besar campuran jejak kacang
- 2 biji limau nipis
- 1 sudu besar gula aising

**persiapan**

1. Kupas dan inti avokado dan raspberi untuk salad buah dengan alpukat dan potong kepada kiub kecil.
2. Haluskan bersama jus lemon dan gula. Pukul krim putar sehingga pekat dan masukkan avokado.
3. Kupas limau nipis dan potong daging di antara selaput pemisah putih. Campurkan dengan raspberi yang telah dibasuh dan gula aising.
4. Bahagikan antara empat gelas dan taburkan dengan campuran jejak yang dicincang kasar.
5. Salad buah dengan krim alpukat dan beberapa hiasan raspberi.

14. Salad buah panggang dengan strawberi, nanas, buah tin dan limau gedang

**bahan-bahan**

- 2 buah ara
- 4 buah strawberi
- 2 buah plum (kuning, cincin kecil)
- 1 mandarin
- 1 limau gedang delima
- 1/4 biji nanas
- 1 sudu teh gula halus
- 1 sudu besar jus lemon
- 2 sudu besar pistachio (dicincang)
- 3 sudu besar minyak biji anggur

**persiapan**

1. Untuk salad buah panggang, sediakan dressing terlebih dahulu. Kemudian, campurkan gula tepung, jus lemon, minyak biji anggur, dan pistachio.
2. Potong separuh strawberi dan buah tin. Potong nanas menjadi kepingan nipis dan buah yang tinggal menjadi kepingan besar.
3. Sapu semua buah dengan sedikit minyak biji anggur.
4. Bakar buah dalam kuali pemanggang atau pada semua sisi sehingga buah telah bertukar warna gelap yang bagus.

5. Kemudian susun buah di atas pinggan dan siram dengan dressing.
6. Hidangkan salad buah panggang semasa masih hangat.

15. Salad buah-buahan bakar dengan pukulan

**bahan-bahan**

- 1 pic
- 1 epal
- 1/4 biji nanas
- 1 pisang
- 20 g anggur
- 20 g raspberi
- 1/2 biji oren (jus)
- 1/2 buah lemon
- 1 pod vanila (pulpa)
- 4 biji telur
- 1 sudu besar madu
- 2 sudu besar rum
- 1 sudu besar minuman keras oren

**persiapan**

1. Untuk salad buah parut dengan pukulan, sediakan buah terlebih dahulu. Untuk melakukan ini, basuh pic dan epal, keluarkan batu dan potong kiub. Seterusnya, kupas nanas, buang tangkai dan dadu, buang kulit pisang, dan potong menjadi kepingan. Seterusnya, basuh anggur dan raspberi, belah dua oren dan limau dan perah. Akhir

sekali, potong pod vanila memanjang dan kikis pulpanya.
2. Campurkan kuning telur dengan madu, pulpa vanila, rum, minuman keras oren dan jus oren dan lemon. Pukul putih telur hingga salji pejal dan masukkan ke dalam adunan kuning telur. Isikan buah yang telah dipotong ke dalam acuan yang kecil dan tahan api, tutup dengan jisim salji dan bakar dalam ketuhar pada suhu 180 darjah (konveksi) selama kira-kira 10 minit.
3. Biarkan salad buah parut sejuk sebentar dan hidangkan.

16. Salad buah piña colada tropika

**bahan-bahan**

- 1/2 biji nanas
- 1 pisang
- 1 epal
- 1/2 tembikai gula (sebagai alternatif tembikai madu)
- 50 ml santan (dari tin)
- 30 ml jus nanas
- 2-3 sudu besar minuman keras kelapa
- 2-3 sudu besar kelapa kering
- 1 pukulan rum (putih)

**persiapan**

1. Pertama, sediakan semua bahan untuk salad buah piña colada tropika. Kupas nanas, buang tangkai dan potong kiub. Seterusnya, kupas dan hiris pisang, basuh epal, keluarkan inti dan dadu. Akhir sekali, inti tembikai, buang kulit dan bijinya dan potong bersaiz gigitan.
2. Campurkan santan dengan jus lemon dan nanas, minuman keras kelapa, kelapa kering dan sedikit rum.
3. Letakkan kepingan buah yang telah dipotong dalam mangkuk yang lebih besar, masukkan campuran piña colada dan kacau rata.

Bahagikan salad buah piña colada tropika ke dalam mangkuk kecil dan hidangkan.

## 17. Salad buah bakar

**bahan-bahan**

- 1 pic
- 1/4 biji nanas
- 20 buah raspberi
- 1 mandarin
- 10 physalis
- 2 biji epal
- 1 sudu teh madu
- 1 pod vanila (pulpa)
- 4 biji putih telur
- 100 g gula

**persiapan**

1. Untuk salad buah yang dibakar, pukul putih telur dengan gula hingga menjadi salji yang pejal.
2. Potong buah menjadi kiub kecil dan campurkan dengan madu dan pulpa vanila. Bahagikan kepada empat bentuk tart dan sapukan putih telur di atas.
3. Bakar pada suhu 120°C selama kira-kira 60 minit.
4. Keluarkan salad buah yang dibakar dari ketuhar, biarkan ia sejuk sebentar dan hidangkan segera.

18. Salad buah chicory

**bahan-bahan**

- 500 g chicory
- 200 g dada ayam belanda (asap)
- 4 keping oren
- 3 biji pisang
- 150 g makan tengah hari herba légère
- 150 g yogurt
- 2-3 sudu besar jus lemon
- garam
- Lada (putih)
- gula
- 40 g walnut

**persiapan**

1. Untuk salad buah chicory, basuh chicory, keringkan dan potong dua. Potong hujung atas daun, potong tangkai dalam bentuk baji dan potong menjadi kepingan halus. Potong dada ayam belanda menjadi jalur halus dan campurkan dengan chicory.
2. Kupas 3 oren cukup tebal untuk mengeluarkan kulit putih, potong fillet buah dan tambahkan kepada chicory, kumpulkan jus. Seterusnya, kupas dan hiris pisang dan campurkan dengan salad buah chicory.

3. Perah oren yang terakhir. Kacau sarapan tengah hari dan yogurt hingga rata, campurkan dengan jus oren dan lemon. Perasakan secukup rasa dengan garam, lada sulah dan gula.
4. Tuangkan dressing ke atas salad buah chicory. Cincang kasar walnut dan taburkan di atasnya. Sejukkan selama kira-kira 1 jam sebelum dihidangkan.

19. Salad kiwi

**bahan-bahan**

- 4 keping buah kiwi
- 500 g anggur (dibelah dua)
- 4 buah pir
- 8 sudu besar madu
- 1 keping lemon (jus)
- beberapa daun pudina

**persiapan**

1. Untuk salad kiwi, kupas kiwi, potong dua dan potong menjadi kepingan. Seterusnya, basuh anggur, potong dua dan keluarkan benih. Akhir sekali, kupas pir, potong dua, keluarkan selongsong dan potong juga.
2. Campurkan buah-buahan dengan lembut.
3. Kacau jus lemon ke dalam madu dan tuangkan ke atas salad buah. Hiaskan dengan beberapa helai daun pudina.

## 20. Salad mi buah-buahan

**bahan-bahan**

- 250-300 g pasta (cth fusilli)
- 120 g beri biru
- 150 g anggur (tanpa biji)
- 1 epal (masam)
- 1 nektarin (sebagai alternatif pic)
- 1 pisang
- 1 pod vanila (pulpa)
- 1/2 biji lemon (jus)
- 5-6 helai daun pudina (segar)
- 1 secubit kayu manis (kisar)
- 1 sudu besar madu

**persiapan**

1. Untuk salad pasta buah, mula-mula masak air hingga mendidih dalam periuk besar, masukkan garam dan masak pasta (cth penne) di dalamnya sehingga al dente.
2. Sementara itu, sediakan bahan-bahan yang tinggal untuk salad. Basuh beri biru, anggur, epal dan nektarin dan keringkan. Potong separuh buah anggur, inti dan potong dadu nektarin dan epal. Kupas dan hiris pisang. Potong pod vanila memanjang, kikis pulpa,

belah limau dan perah. Petik daun pudina dari batang dan cincang halus.

3. Tapis pasta yang telah dimasak, bilas dan biarkan sejuk sedikit. Kemudian, campurkan pasta dengan buah, pulpa vanila, kayu manis, jus lemon, pudina, dan satu sudu madu dalam mangkuk yang lebih besar. Salad pasta buah boleh dihidangkan dengan segera.

## 21. Salad kiwi emas dengan nanas dan yogurt

**bahan-bahan**

*Untuk salad:*

- 1 biji nanas (dikupas, dibuang batang, dipotong menjadi bar)
- 3 kiwi emas (dikupas, dipotong menjadi kepingan)
- 60 g kacang Brazil (dicincang kasar)

*Untuk pembalut:*

- 200 g yogurt (Greek)
- 3 sudu besar minyak zaitun
- 1/2 biji lemon (jus dan kulit)
- garam laut
- Lada (dari kilang)
- Thyme (untuk hiasan)

**persiapan**

1. Untuk salad kiwi emas dengan nanas dan yogurt, campurkan semua bahan dengan baik untuk berpakaian dan perasakan dengan garam dan lada.
2. Bakar kepingan nanas dalam kuali panggang tanpa lemak untuk salad. Susun di atas pinggan bersama hirisan kiwi.

3. Siram buah dengan sos dan hiaskan salad kiwi emas dengan nanas dan yogurt dengan kacang Brazil dan thyme.

## 22. Popsikel buah-buahan

**bahan-bahan**

- 1 buah kiwi
- 1 paket strawberi
- 1 paket blueberry
- 1/2 biji mangga
- sirap elderberry
- Air (bergantung pada rasa dan saiz acuan)

**persiapan**

1. Mula-mula, sediakan bentuk popsikel (bilas jika perlu) untuk popsikel buah-buahan dan letakkan sama ada penutup atau batang popsikel kayu rapat di tangan.
2. Kupas kiwi dan potong ke dalam kepingan. Basuh dan bersihkan strawberi dan potong kepada kiub kecil. Seterusnya, basuh dan susun blueberry. Akhir sekali, kupas mangga dan potong menjadi jalur halus.
3. Edarkan buah pada acuan aiskrim. Isi dengan baik. Cairkan sirap elderberry dengan air bergantung pada citarasa anda. Tuangkan jus elderberry pada acuan. Masukkan penutup atau penyepit.
4. Bekukan dalam peti sejuk selama beberapa jam atau semalaman. Popsicle buah paling

baik dikeluarkan dari acuan dengan mencelupkan acuan ke dalam air suam.

## 23. Salad limau mandarin flambéed

**bahan-bahan**

- 4-6 mandarin (tanpa biji, secara alternatif lebih kurang 300-400 g satsumas atau clementines)
- 1 pomelo (atau 2 limau gedang merah jambu)
- 1 pisang
- 2 biji limau purut (tidak disembur)
- 2-3 sudu besar madu (dipanaskan)
- Kismis (direndam dalam grappa atau rum, secukup rasa)
- 4 sudu besar walnut
- 6 sudu besar rum (peratusan tinggi atau cognac dll. kepada flambé)

**persiapan**

1. Untuk salad limau tangerine flambeed, kupas tangerine, longgarkannya dalam bentuk baji dan keluarkan kulit daripadanya sejauh mungkin, atau sekurang-kurangnya benang putih. Kupas pomelo juga, bahagikan kepada kepingan dan kupas kulit daripada ini. (Cetakan boleh pecah.) Masukkan mandarin dan pomelo ke dalam mangkuk yang jusnya bocor. Basuh limau dengan baik dan gosok

kulitnya terus ke dalam mandarin pada parut. Gaul perlahan-lahan.
2. Perah limau nipis. Sekarang kupas pisang, potong menjadi kepingan dan segera renjiskan dengan sedikit jus limau nipis. Susun secara hiasan di atas pinggan dengan mandarin yang telah diperap.
3. Campurkan baki jus limau nipis dengan madu yang telah dipanaskan dan gerimis di atas salad. Cincang kasar walnut dan bakar sebentar dalam kuali yang tidak berminyak. Campurkan dengan kismis yang telah direndam seperti yang dikehendaki dan taburkan ke atas salad. Tuangkan alkohol ke atas mereka dan nyalakan. Salad mandarin dan pomelo flambéed sesuai dengan pastri kerak pendek yang rangup, cantucci Itali atau ladyfingers.

24. Mangkuk diperbuat daripada adunan biskut

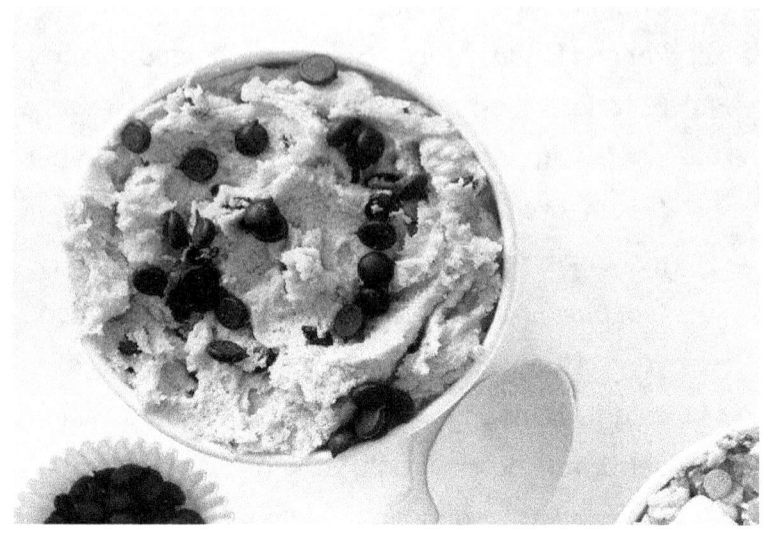

## bahan-bahan

- 500 g tepung (sesuaikan jumlah bergantung pada konsistensi)
- 1 sudu teh baking soda
- 1 sudu teh garam
- 300 g coklat
- 250 g mentega (lembut)
- 135 g gula (perang)
- 190 g gula pasir
- 1 paket gula vanila
- 2 biji telur

## persiapan

1. Mula-mula, panaskan ketuhar hingga 190 ° C untuk mangkuk adunan biskut.
2. Campurkan tepung, baking soda dan garam dan ketepikan. Potong coklat.
3. Pukul mentega, dua jenis gula dan gula vanila hingga berkrim. Masukkan telur sebiji demi sebiji dan lipat sebati setiap kali. Kacau dalam adunan tepung dan kepingan coklat secara bergantian mengikut bahagian sehingga konsisten yang boleh digulung tercapai. Doh tidak boleh terlalu rapuh untuk dibentuk dengan mudah nanti. Uli,

bungkus dalam filem berpaut dan sejukkan selama setengah jam.
4. Sementara itu, lumurkan bahagian bawah loyang muffin dengan mentega.
5. Canai doh. Potong bulatan yang lebih besar daripada acuan kek cawan. Letakkan bulatan doh dengan berhati-hati di atas bengkak dalam kuali muffin dan tekan padanya. Sentiasa tinggalkan langkan di antara kerang kuih.
6. Bakar mangkuk adunan biskut selama lebih kurang 10 minit. Keluarkan dan biarkan sejuk (ini akan menjadikannya pepejal). Keluarkan dengan berhati-hati dari tin muffin.

## 25. Kroket berangan manis

**bahan-bahan**

- 500 g buah berangan (dikupas kulit)
- 250 ml susu
- 90 g serbuk biskut (atau biskut roti pendek dihancurkan)
- 1 sudu teh kulit oren (daripada oren organik yang tidak dirawat)
- 1 sudu teh kulit lemon (daripada lemon organik yang tidak dirawat)
- 150 g mentega
- 2 biji telur
- 70 g serbuk biskut (untuk roti)
- 1 sudu teh pulpa vanila
- 1 sudu teh gula
- Minyak (untuk menggoreng)
- Gula pasir (untuk taburan)

**persiapan**

1. Rebus buah berangan dalam air selama 20 minit sehingga lembut, tapis dan puri untuk kroket berangan manis.
2. Campurkan susu dengan kulit oren dan lemon, serbuk, gula dan pulpa vanila dalam mangkuk, panaskan perlahan-lahan dan kemudian kacau dalam puri chestnut.

3. Pukul telur, pukul dan kacau ke dalam adunan chestnut.
4. Gunakan beg paip untuk menyuntik kayu sepanjang 3 cm dan biarkan ia sejuk. Kemudian, gunakan tangan yang basah untuk membentuk kroket atau bebola sebesar walnut daripada kayu.
5. Pukul telur kedua dan perasakan dengan garam.
6. Celupkan kroket, masukkan ke dalam serbuk biskut dan goreng dalam minyak panas 180 °C.
7. Keluarkan kroket yang telah siap dari minyak dengan sudu berlubang dan toskan pada gulungan dapur.
8. Taburkan kroket berangan manis dengan gula pasir sebelum dihidangkan.

26. Salad buah dengan krim vanila dan biskut bijih

**bahan-bahan**

- 1 pc. mangga
- 1 keping pisang
- 1 buah pir
- 2 pcs. pic
- 2 keping oren
- 2 sudu besar sirap bunga tua
- 1 pc. Rama Cremefine (vanila)
- 4 keping biskut oreo

**persiapan**

1. Untuk salad buah dengan krim vanila dan biskut bijih, kupas mangga, pisang dan pir dan potong kiub kecil. Potong buah pic dengan cara yang sama. Perah oren, tambah jus ke buah-buahan, maniskan dengan sirap bunga elder. Gaul rata dan biarkan perap selama 2 jam.
2. Pukul Rama Cremefine, hancurkan biskut.
3. Sapukan salad buah pada mangkuk pencuci mulut, tuangkan krim vanila ke atasnya dan sapukan biskut hancur di atasnya.

## 27. Salad buah dengan semangat

**bahan-bahan**

- 1 pisang
- 4 biji aprikot
- 1 pic
- 15 biji anggur
- 1 oren (jus)
- 2 sudu besar. Minuman keras Elderberry

**persiapan**

1. Untuk salad buah dengan semangat, mula-mula potong buah-buahan, perah oren dan masukkan jus, masukkan minuman keras elderberry, gaul rata. Sejukkan selama kira-kira 60 minit.
2. Kemudian bahagikan salad buah dengan semangat ke dalam mangkuk dan hidangkan.

## 28. Salad buah dengan kayu manis

**bahan-bahan**

- 1 cawan yogurt asli (1.5%)
- 1 sudu teh kayu manis
- 1 sudu teh madu
- 2 sudu makan oat
- 2 sudu besar corn flakes
- 1 epal
- 1 pisang
- 1 genggam anggur

**persiapan**

1. Untuk salad buah dengan kayu manis, inti epal dan potong kecil. Seterusnya, potong pisang menjadi kepingan.
2. Potong separuh dan inti buah anggur. Campurkan yogurt dengan kayu manis dan madu dan campurkan dengan buah potong dalam mangkuk.
3. Taburkan kepingan di atas dan nikmati salad buah dengan kayu manis.

29. salad buah

**bahan-bahan**

- 1 pisang
- 1 epal
- beberapa kismis
- 10 buah strawberi
- Taburan coklat (untuk hiasan)

**persiapan**

1. Potong pisang, epal dan strawberi menjadi kepingan bersaiz gigitan untuk salad buah.
2. Masukkan kismis dan buah ke dalam mangkuk dan hiaskan dengan taburan coklat.

30. Salad buah eksotik

**bahan-bahan**

- 1/2 buah delima
- 1/2 pc. mangga
- 1 keping. kesemak
- 200 g betik
- 1 keping pisang

**persiapan**

1. Perah buah delima dan masukkan jus dan biji ke dalam mangkuk untuk salad buah eksotik. Potong mangga, kesemak, betik dan pisang menjadi kepingan dan gaul bersama delima.

31. Salad buah dengan aiskrim vanila

## bahan-bahan

- 2 biji oren
- 2 biji epal
- 1 keping pisang
- 1 biji lemon (jusnya)
- 1/2 tin (s) ceri masam (diadu)
- 2 sudu besar madu
- 4cl rum
- 4 aiskrim vanila
- 125 ml krim putar
- 1 genggam badam dihiris

## persiapan

1. Untuk salad buah dengan ais krim vanila, kupas oren, epal dan pisang dan potong menjadi kepingan nipis bersama-sama. Siram dengan jus lemon.
2. Toskan dan masukkan ceri masam. Kacau madu bersama rum hingga rata, tuangkan ke atas buah dan biarkan curam.
3. Sapukan ais pada pinggan sejuk dan tuangkan salad buah ke atasnya. Pukul krim putar sehingga kaku dan hiaskan salad buah dengannya.

4. Taburkan badam serpihan di atas dan hidangkan salad buah dengan aiskrim vanila.

## 32. Salad buah dengan sepakan

**bahan-bahan**

- 1 pc. Jingga
- 150 g strawberi
- 100 g raspberi
- 1/4 biji tembikai
- 1 epal
- 100 g ceri
- 1 biji lemon
- 50 gram anggur
- 40 ml Malibu

**persiapan**

1. Untuk salad buah, keluarkan hijau strawberi dan basuh dengan raspberi, ceri dan anggur. Seterusnya, kupas oren dan tembikai dan potong kecil.
2. Belah separuh dan perempatkan strawberi. Iriskan epal dan potong kecil. Iris ceri dan potong separuh bersama anggur. Campurkan buah-buahan dalam mangkuk dan perahkan limau di atasnya.
3. Akhir sekali, siramkan salad buah dengan Malibu dan gaul rata.

## 33. Salad buah dengan kismis rum

**bahan-bahan**

- 1 keping pisang
- 1 epal
- 1 pc. mangga
- 1 pc. Oren (jusnya)
- 4 sudu besar kismis rum
- 1 sudu besar madu

**persiapan**

1. Untuk salad buah dengan kismis rum, kupas mangga dan potong dari inti. Seterusnya, kupas pisang, potong separuh memanjang dan potong menjadi kepingan.
2. Seperempat dan inti epal dan potong menjadi kepingan kecil. Perah oren. Perap buah dengan madu dan jus oren, campurkan dengan kismis rum.
3. Bahagikan ke dalam mangkuk pencuci mulut dan hidangkan salad buah dengan kismis rum yang disejukkan dengan baik.

## 34. Salad buah dengan topi yogurt

## bahan-bahan

- 1 epal
- 1 pc. Jingga
- 1 buah pir
- 50 g anggur
- 500 g yogurt strawberi (ringan)
- 1 pukulan pemanis cecair
- 4 biji ceri Amarena

## persiapan

2. Untuk salad buah dengan topi yogurt, kupas dan potong buahnya.
3. Isi oren, rebus 50 ml air dengan 1 percikan pemanis. Didihkan buah sebentar. longkang.
4. Campurkan yogurt strawberi dengan kepingan buah, isikan ke dalam mangkuk dan hiaskan setiap satu dengan ceri.
5. Hidangkan salad buah dengan penutup yogurt.

## 35. Salad buah dengan yogurt

**bahan-bahan**

- 250 g anggur
- 3 keping nektarin
- 250 g yogurt semulajadi
- Cranberry (secukup rasa)

**persiapan**

1. Untuk salad buah, basuh anggur dan nektarin dan kemudian potong nektarin menjadi kepingan. Seterusnya, masukkan ke dalam mangkuk dan masukkan anggur.
2. Gaul rata dan tuangkan ke dalam mangkuk kecil, atas dengan yogurt asli dan tambah cranberry jika anda suka.

## 36. Salad buah dengan camembert

**bahan-bahan**

- 1/2 keping tembikai gula
- 2 keping tembikai
- 2 keping oren
- 2 pcs. Kiwi (kuning)
- 4 keping Camembert
- garam
- 2 sudu besar minyak
- 2 sudu besar cuka wain putih
- Lada (putih)

**persiapan**

1. Untuk salad buah dengan camembert, basuh sebiji oren dengan baik, kupas kulitnya dengan semangat, potong oren separuh, dan perah. Simpan jus untuk perapan.
2. Kupas dan isi oren kedua dengan tebal. Kupas kiwi dan potong. Cucuk bola dengan saiz yang berbeza daripada tembikai dengan pemotong bola.
3. Susun semua buah di atas pinggan, letakkan camembert di atasnya dan tuangkan perapan cuka, minyak, garam, lada putih dan kulit oren di atasnya.

## 37. Salad buah dengan biji bunga matahari

**bahan-bahan**

- 2 biji anak nanas
- 1 epal
- 1 buah pir
- 2 sudu besar lemon (jus)
- 2 biji pisang
- 1 kiwi (mungkin 2)
- 6 sudu besar jus oren
- 2 sudu besar sos kelapa
- 2 sudu besar biji bunga matahari

**persiapan**

1. Untuk salad buah dengan biji bunga matahari, bersihkan nanas, buang kulitnya dan potong setebal kira-kira 1/2 cm.
2. Keluarkan batangnya, sukukan hirisan dan masukkan ke dalam mangkuk yang cukup besar. Bilas epal dan pir, keluarkan inti, potong dadu dan campurkan dengan nanas.
3. Tuangkan kepingan buah dengan jus sebiji lemon, keluarkan kulit pisang dan kiwi, potong menjadi kepingan halus dan letakkan dengan teliti di bawah baki buah.
4. Tuangkan jus oren dan biji bunga matahari ke atas salad dan sajikan salad buah siap

dengan biji bunga matahari yang ditaburi kelapa.

38. Salad buah dengan sos yogurt

**bahan-bahan**

- 500 g strawberi
- 2 sudu besar gula
- 0.5 charantais atau tembikai madu
- 200 g plum cth biru dan kuning
- 4 sudu besar jus limau nipis (atau jus lemon)
- 1 cawan (236 ml) hirisan nanas
- 150 g yogurt krim
- 1 paket gula vanila
- Mungkin sedikit pudina segar

**persiapan**

1. Bilas dan bersihkan strawberi dan belah dua atau suku mengikut saiz. Taburkan gula dalam mangkuk pembakar. Tutup dan lukis selama kira-kira 15 minit.
2. Iriskan tembikai dan potong menjadi kepingan. Potong daging dari kulit. Bilas plum dan potong ke dalam baji dari batu. Siram dengan limau nipis atau jus lemon. Campurkan bahan yang disediakan.
3. Untuk sos nenas, potong kiub kecuali 1 keping dan kisar bersama jusnya. Masukkan yogurt dan gula vanila. Pada bentuk salad buah.

4. Potong selebihnya nanas menjadi kiub. Potong pudina jika suka. Taburkan kedua-duanya di atas daun salad.

## 39. Salad buah dengan sos yogurt vanila

**bahan-bahan**

*buah:*

- 2 biji epal
- 1 pisang
- Jus 1/2 lemon
- 2 biji oren

*sos:*

- 1 biji putih telur
- 2 sudu besar gula
- 1 buah vanila
- 75 g yogurt
- 1 biji kuning telur
- 100 g krim putar

**persiapan**

1. Potong epal menjadi kepingan, potong pisang dan renjiskan dengan jus lemon. Potong oren menjadi kepingan. Edarkan buah secara sama rata pada empat pinggan.
2. Pukul putih telur hingga kaku, taburkan gula untuk sos. pod vanila. Kikis, kacau dengan yogurt dan kuning telur. Pukul krim putar hingga kaku, lipat bersama putih telur. Kepada bentuk buah.

40. Salad buah cepat

**bahan-bahan**

- 1 epal (sederhana)
- 1 pisang
- 1 genggam anggur
- beberapa buah strawberi
- beberapa buah ceri (diadu)
- 1 tin (s) koktel buah
- limau
- Gula tebu (jika perlu)

**persiapan**

1. Untuk salad buah cepat, basuh, potong dan inti buah jika perlu. Siram pisang dengan jus lemon untuk mengelakkannya daripada menjadi coklat.
2. Masukkan semuanya ke dalam mangkuk dengan koktel buah dan perasakan dengan gula tebu dan gula vanila.

41. Buah tropika dan salad buah dengan sepakan

**bahan-bahan**

- 1/2 biji nanas
- 1 keping pisang
- 12 biji ceri Amarena
- 4 sudu besar sirap grenadine
- 4 sudu besar rum kelapa
- 60 ml minuman keras telur

**persiapan**

1. Kupas pisang dan potong menjadi kepingan untuk buah tropika dan salad buah dengan sepakan. Seterusnya, kupas nanas, potong tangkai dan potong daging menjadi kepingan kecil.
2. Campurkan kepingan nanas dan hirisan pisang dengan sirap grenadine, rum kelapa dan minuman keras telur, biarkan untuk diperap sekurang-kurangnya 1 jam.
3. Salad buah-buahan tropika dengan sepakan untuk diberikan dalam 4 gelas yang indah dan ditutup dengan 3 ceri hitam.

## 42. Salad buah berwarna-warni

**bahan-bahan**

- 500 g anggur (tanpa biji)
- 2 biji epal
- 2 biji pir
- 2 pcs. pic
- 1/2 keping tembikai gula
- 500 g strawberi
- 2 keping oren
- 2 keping lemon (jusnya)
- 5 sudu besar sirap bunga tua
- 4 sudu besar madu

**persiapan**

1. Untuk salad buah, kupas oren dan isikan hirisan oren, kemudian perah jus dari yang lain.
2. Bersihkan dan potong strawberi. Keluarkan biji dari epal, pear dan tembikai dan potong kecil. Seterusnya, potong separuh buah anggur, potong pic.
3. Masukkan semua buah dalam mangkuk besar, campurkan dengan sirap bunga elder dan madu. Set salad buah satu jam sejuk.

## 43. Krim yogurt dadih dengan salad buah

**bahan-bahan**

- 300 g yogurt (Greek)
- 250 g periuk krim
- 2 sudu besar sirap agave
- 2 sudu besar pes vanila
- 1/2 epal
- 1/2 buah pir
- 60 g beri biru
- 15 biji anggur (tanpa biji)
- 6 buah strawberi
- 4 cl maraschino
- 2 sudu besar jus lemon

**persiapan**

1. Untuk krim dadih dan yogurt dengan salad buah, keluarkan inti dari epal dan pir dan potong.
2. Potong separuh buah anggur dan suku strawberi. Perap buah dengan maraschino dan jus lemon, sejukkan selama 30 minit. Campurkan yogurt dengan keju dadih, sirap agave dan pes vanila.
3. Sapukan krim dadih pada mangkuk pencuci mulut dan tuangkan buah dan jus di atasnya.

Krim plug-yogurt dengan salad buah segera dihidangkan sejuk.

## 44. Salad buah tanpa gula

## bahan-bahan

- 4 biji epal (organik)
- 500 g anggur (organik)
- 500 g strawberi (organik)
- 4 biji pisang (organik, masak)
- 3 biji pir (organik)
- 6 sudu besar gula-gula batu (serbuk)
- 1 biji lemon

## persiapan

1. Basuh buah dengan baik untuk salad buah-buahan dan potong kiub kecil. JANGAN kupas, kerana kebanyakan vitamin ada dalam kulit! Sebaliknya, masukkan semuanya ke dalam mangkuk besar dan kacau dengan baik.
2. Kemudian taburkan gula batu di atasnya dan kacau rata lagi. Pada penghujungnya, masukkan jus lemon, pada satu tangan untuk mengelakkan buah daripada menjadi perang dan sebaliknya untuk memberikan salad buah-buahan kemeriahan tertentu.

## 45. Salad buah-buahan yang ringkas

## bahan-bahan

- 400 g nanas (dipotong)
- 3-4 biji epal (kecil)
- 1-2 biji pisang
- 1 pc. Jingga
- 1 keping. kesemak
- 1-2 pcs. buah kiwi

## persiapan

1. Pertama, masukkan nanas dan jus dari tin ke dalam mangkuk besar untuk salad buah. Kemudian inti epal dan potong kecil dan masukkan ke dalam nenas.
2. Kemudian kupas buah-buahan yang lain dan potong kecil-kecil. (persimmon boleh dimakan bersama kulitnya)
3. Susun dan hidangkan salad buah.

## 46. Salad buah vegan

**bahan-bahan**

- 1 pc. limau gedang
- 2 keping buah kiwi
- 1 epal
- 3 sudu besar yogurt soya

**persiapan**

1. Untuk salad buah, kupas limau gedang dan buah kiwi, basuh epal. Kemudian, potong semuanya menjadi kepingan bersaiz gigitan dan masukkan ke dalam mangkuk.
2. Masukkan yogurt soya dan gaul semuanya dengan baik.

47. Salad buah kuning

## bahan-bahan

- 1 pc. Mangga (masak)
- 2 pir (kuning, masak)
- 2 biji epal
- 2 biji pisang
- 2 biji pic (berdaging kuning)
- 1 biji lemon
- 1 sudu besar madu (cecair)

## persiapan

1. Untuk salad buah, kupas mangga, asingkan dari batu dan potong bersaiz gigitan. Basuh pear dan epal, keluarkan inti dan potong menjadi kepingan bersaiz gigitan.
2. Kupas pisang dan potong seukuran gigitan. Seterusnya, basuh pic, keluarkan batu dan potong menjadi kepingan bersaiz gigitan.
3. Masukkan buah yang telah dipotong ke dalam mangkuk dan gaulkan. Perah limau. Campurkan jus dengan madu dan gerimis di atas buah.

48. Salad buah tembikai

## bahan-bahan

- 300 g tembikai
- 1/2 keping tembikai madu
- 1/2 keping tembikai gula
- buah anggur
- 1 epal
- 2 keping oren (jusnya)
- 2 sudu besar madu
- 125 ml air

## persiapan

1. Untuk salad buah tembikai, kupas dan bersihkan tembikai dan potong kiub kecil. Potong separuh buah anggur. Kupas epal dan potong kiub kecil. Perah oren.
2. Didihkan air dengan madu, sejukkan dan tuangkan ke atas kiub buah, tambah jus oren. Letakkan di tempat yang sejuk dan biarkan perap sekurang-kurangnya 60 minit.

## 49. Salad buah kiwi

**bahan-bahan**

- 600 g nanas
- 4 buah kiwi
- 2 biji pisang
- 1 buah delima
- 2 pek gula vanila
- 2 sudu besar gula aising
- 3 sudu besar lemon (jus)
- 3 sudu besar sirap grenadine

**persiapan**

1. Untuk salad buah kiwi, mula-mula potong nanas memanjang menjadi kelapan, potong pangkal tangkai menjadi kepingan kecil, dan potong pulpa dari kulit menjadi kepingan menyerong. Kupas dan hiris buah kiwi dan pisang.
2. Potong delima secara menyerong, kikis biji dan jus dengan sudu. Campurkan semua dalam mangkuk. Campurkan jus sebiji lemon, gula aising, gula vanila dan grenadine dengan buah. Bawa salad buah kiwi ke meja ais sejuk.

## 50. Salad buah plum dan nanas

**bahan-bahan**

- 1 biji nanas
- Cointreau
- Sayang
- pudina
- 11 buah plum
- gula serbuk

**persiapan**

1. Potong nanas untuk salad buah plum-nanas. Potong separuh dan inti buah plum, potong menjadi kepingan dan perap dengan Cointreau, pudina dan madu.
2. Masukkan kepingan nanas, gaul dan susun keseluruhan salad buah di dalam nanas yang telah dilubangkan. Taburkan dengan gula tepung dan hidangkan plum, nanas dan salad buah.

## 51. Salad buah dengan delima

**bahan-bahan**

- 1/2 buah delima
- 2 biji mandarin
- 2 biji pisang
- 4 buah plum
- 1 epal
- 1 kaki

**persiapan**

1. Untuk salad buah dengan delima, perah separuh buah delima dengan pemerah sitrus dan letakkan dalam mangkuk (semuanya - termasuk biji yang tinggal dari proses memerah).
2. Perah mandarin juga. Potong pisang, masukkan dan tumbuk dengan garfu. Potong plum, epal dan kesemak menjadi kepingan kecil dan campurkan - salad buah dengan delima sudah siap.

## 52. Salad buah dengan kacang

**bahan-bahan**

- 2 keping oren
- 2 biji pisang (masak)
- 1 epal
- 1 buah pir
- 2 sudu besar walnut (parut)

**persiapan**

1. Untuk salad buah, perah oren dan masukkan ke dalam mangkuk. Pulpa (tanpa biji) juga boleh ditambah. Seterusnya, kupas dan hiris pisang.
2. Tumbuk jus oren dengan garpu. Potong epal dan pir dan campurkan. Taburkan dengan kacang parut.

## 53. Koktel buah-buahan segar

**bahan-bahan**

- 1 biji nanas (Hawaii, dikupas)
- 4 pic (dikupas)
- 2 biji delima (dibuang batunya)
- 2 biji epal Granny Smith (diadu, potong dadu)
- 400 g anggur (hijau dan tanpa biji)

**persiapan**

1. Untuk koktel buah, basuh buah dan potong semuanya.
2. Campurkan buah-buahan dan hidangkan bersama-sama.

54. Salad buah dengan pudina

bahan-bahan

- 2 biji aprikot
- 2 pic
- 1 buah pir
- 1 genggam strawberi (dibersihkan)
- 6 helai daun pudina (potong jalur)
- 3 sudu teh gula

persiapan

1. Untuk salad buah dengan pudina, basuh aprikot dan pic, keluarkan inti dan potong kiub kecil. Basuh dan suku pir, keluarkan inti dan potong kiub. Bahagikan strawberi kepada kepingan yang menyenangkan, campurkan semuanya dengan baik.
2. Masukkan gula dan pudina dan hidangkan salad buah dengan pudina sejuk.

## 55. Salad Tembikai dan Pear dengan Udang

## bahan-bahan

- 190 g udang (diperap)
- 2 keping tembikai
- 1 buah pir
- 1 sudu cuka balsamic (rosso)
- 1/2 tandan daun kucai

## persiapan

1. Potong salad tembikai dan pir dengan udang menjadi kiub yang lebih besar untuk tembikai dan pir.
2. Potong juga daun kucai menjadi kepingan kecil.
3. Goreng udang dalam kuali non-stick selama beberapa minit tanpa menambah sebarang lemak kerana ia sudah diperap. Akhir sekali goreng kiub tembikai selama lebih kurang 1 minit dan kemudian keluarkan kuali dari api.
4. Campurkan kiub pear dan biarkan selama 1 minit. Perasakan dengan sedikit cuka balsamic, gaul lagi dan hidangkan salad tembikai dan pear bersama udang yang ditabur daun kucai.

56. Salad oren dan kiwi dengan ais

**bahan-bahan**

- 3 biji oren
- 4 keping kiwi
- 100 g buah koktel
- minuman keras oren (secukup rasa)
- 1 pc. Oren (jusnya)
- 2 sudu besar madu
- 1/2 biji lemon (jusnya)
- Pistachio (dicincang)
- 120 g aiskrim vanila

**persiapan**

1. Untuk salad oren dan kiwi dengan ais krim, kupas oren dan kiwi dan potong menjadi kepingan nipis. Toskan buah koktel.
2. Campurkan buah-buahan dan sejukkan. Sejukkan mangkuk kaca. Campurkan jus oren dan lemon dengan minuman keras oren dan madu, campurkan dengan teliti dengan buah-buahan, dan berehat di dalam peti sejuk selama setengah jam.
3. Bahagikan aiskrim vanila kepada empat bahagian. Masukkan sebahagian aiskrim vanila ke dalam setiap mangkuk kaca sejuk,

tutup dengan salad buah, taburkan pistachio cincang dan hidangkan segera.

## 57. Kolak ceri masam

**bahan-bahan**

- 1 kg ceri masam
- air
- 4 sudu besar gula tebu
- 1 secubit gula vanila

**persiapan**

1. Untuk kolak ceri masam, basuh dan inti ceri masam. Masukkan dalam periuk besar dan isi dengan air untuk menutupi masam ceri. Masukkan gula tebu dan gula vanila.
2. Didihkan kompot dan reneh perlahan-lahan selama kira-kira 5 minit. Sementara itu sediakan cermin mata. Tuangkan kolak ceri masam ke dalam gelas, tutup dan bersihkan.
3. Kemudian terbalikkannya (supaya vakum boleh dibuat dalam gelas) dan tutup dengan selimut (untuk penyejukan perlahan).

## 58. Nanas dengan pukulan

**bahan-bahan**

- 1 keping. Nanas 1.5 kg
- 1/8 l krim masam
- 3 biji pisang
- 2 rum stamperl (putih)
- 50 g taburan coklat

**persiapan**

1. Potong penutup untuk nanas dengan pukulan nanas. Seterusnya, potong pulpa dengan pisau kecil (biarkan tepi 1 cm berdiri) dan potong pulpa menjadi kepingan lebih kurang. bersaiz 1 cm.
2. Potong pisang menjadi kepingan nipis dan gaulkan dengan kepingan nanas dan bahan-bahan yang tinggal di dalam mangkuk dan tuangkan ke dalam nanas kosong. Tutup nenas dengan penutup dan masukkan nenas ke dalam peti sejuk sehingga dihidangkan.

## 59. Cuka bunga tua

**bahan-bahan**

- 3/4 l cuka
- 2 sudu besar madu akasia
- 3/4 gelas bunga tua

**persiapan**

1. Untuk cuka bunga tua, isi balang satu liter yang bersih dan boleh ditutup 3/4 penuh dengan bunga tua yang telah dipetik dengan teliti daripada serangga.
2. Pukul madu dan cuka bersama-sama, tuangkan, dan rehatkan di tempat yang gelap selama kira-kira 4 minggu.
3. Simpan cuka elderflower dalam gelas atau gunakan segera.

## 60. Puding soya dengan salad buah berwarna-warni

**bahan-bahan**

- 500 ml minuman soya
- 1 paket serbuk puding vanila
- 2 sudu besar gula
- 1 pic
- 1 pc kiwi
- 3 buah strawberi
- 8 lengkuas
- 1 genggam anggur
- 1 keping limau nipis (jus)
- 2 sudu besar sirap bunga tua

**persiapan**

1. Untuk puding soya dengan salad buah berwarna-warni, masak puding vanila bersama minuman soya mengikut arahan pada peket, isikan dalam acuan puding dan sejukkan selama beberapa jam.
2. Potong buah menjadi kepingan kecil, perap dengan jus limau nipis dan sirap bunga elder. Keluarkan puding dari acuan, letak salad buah di sekeliling puding.

## 61. Salad buah dengan tembikai

**bahan-bahan**

- 150 g raspberi
- 100 g beri (cth beri hitam, beri biru)
- 2 pic (besar)
- 8 biji aprikot
- 8 buah plum
- 1 biji lemon
- 50 gram gula
- 50 ml maraschino
- 1 biji tembikai (sederhana)
- Pudina (segar)

**persiapan**

1. Untuk salad buah dengan tembikai, pertama kupas, inti, suku dan potong pic. Seterusnya, belah aprikot dan plum, keluarkan inti, dan potong. Masukkan raspberi dan gula dalam mangkuk yang cukup besar dan siram dengan jus lemon dan maraschino. Sejuk sekejap.
2. Potong tembikai, potong pulpa menjadi kiub kecil dan campurkan dengan buah-buahan yang tinggal. Hiaskan salad buah dengan tembikai dan pudina dan bawa ke meja.

## 62. Salad buah pir dan plum

**bahan-bahan**

- 1/2 kg buah plum
- 1/2 kg pir
- 3 sudu besar lemon (jus)
- 2 sudu besar sirap pir
- 5 hari kepingan badam
- Biji bunga matahari 5 hari
- 1/4 l susu masam

**persiapan**

1. Untuk salad pir dan plum, panggang biji bunga matahari dalam kuali tanpa lemak sehingga wangi. Biarkan sejuk.
2. Basuh plum, potong separuh, inti dan potong separuh menjadi kepingan.
3. Kupas dan suku pir, keluarkan inti dan potong buah menjadi kiub.
4. Lumurkan kepingan buah dengan jus lemon.
5. Campurkan baki jus lemon, sirap pear dan susu masam dan kacau ke dalam buah.
6. Taburkan salad pir dan plum dengan biji bunga matahari dan badam serpihan.

63. Salad buah dengan celup kacang

**bahan-bahan**

- 1/2 tembikai gula
- 1/2 biji nanas
- 1 paket physalis
- beberapa buah anggur (besar, tanpa biji)
- 3 sudu besar mentega kacang (rangup)
- 4 sudu besar jus oren (diperah)
- 2 sudu besar jus limau nipis (diperah)
- 1/2 sudu besar gula halus
- 4 pencungkil gigi

**persiapan**

1. Pertama, untuk salad buah dengan kacang potong hirisan nanas menjadi kiub bersaiz gigitan Seterusnya, kupas tembikai dan juga potong kiub. Basuh anggur.
2. Campurkan mentega kacang dengan jus oren dan limau nipis yang baru diperah dan gula tepung untuk dicelup.
3. Hidangkan salad buah dengan celup kacang. Lidi kepingan buah dengan pencungkil gigi dan celupkannya ke dalam celup.

## 64. Salad buah kelapa dengan ais hancur

**bahan-bahan**

- 1 biji kelapa
- buah-buahan campuran seperti yang dikehendaki (betik, nanas, mangga)
- Kiub kacang Azuki (atau kiub agar-agar)
- 1.5 sudu besar sirap maple
- Gula merah secukup rasa
- 3.5 sudu besar santan pekat
- 4 cawan (s) ais yang ditumbuk halus
- Kayu manis secukup rasa

**persiapan**

1. Pertama, buka kelapa. Untuk melakukan ini, tebuk 2 atau 3 lubang pada kelapa di tempat gelap (lesung pipit) di bawah janggut dengan tukul dan paku. Letakkan ayak di atas periuk, masukkan kelapa dan biarkan air kelapa mengalir. (Jika perlu, gerudi bukaan lebih dalam dengan corkscrew.) Kemudian letakkan kelapa di dalam ketuhar yang dipanaskan hingga 180 darjah selama lebih kurang. 20 minit dan keluarkannya semula. Pukul kuat dengan tukul dan buka kelapa. Longgarkan pulpa dan potong kiub kecil. Juga potong buah-buahan yang tinggal menjadi kiub yang

sangat kecil dan campurkan semuanya. Campurkan air kelapa bersama santan, sirap maple dan gula merah dan tuangkan ke atas buah. Gaul perlahan-lahan. Masukkan ais yang telah ditumbuk halus dan hidangkan.

### 65. Ais krim dengan sos kacang dan salad buah

## bahan-bahan

- 8 genggam putih telur (atau ais hancur)
- Pes kacang (merah)
- 250 ml sirap gula
- 3 sudu besar ceri amaretto (untuk hiasan)
- Untuk salad buah:
- Buah-buahan (cth, pic, strawberi, mengikut kesukaan anda)
- Jus lemon
- gula

## persiapan

1. Campurkan pes kacang dengan sirap gula untuk ais krim dengan sos kacang dan salad buah. Mula-mula, tuangkan salji ais ke dalam gelas wain. Seterusnya, letakkan satu sudu kecil pes kacang di atas dan satu sudu salad buah. Hiaskan dengan ceri amaretto dan hidangkan.

## 66. Salad buah-buahan

## bahan-bahan

- 3 biji aprikot
- 1/2 biji nanas
- 1 epal (besar)
- 300 g Gouda
- 250 ml krim putar
- 3 sudu besar jus nanas
- Jus lemon
- 2 sudu teh mustard (panas)
- garam
- lada
- salad hijau (untuk hiasan)

## persiapan

1. Untuk salad buah keju, potong buah menjadi kepingan dan kiub, dan potong keju menjadi kepingan.
2. Sediakan perapan dengan krim putar, jus lemon, jus nanas, mustard, garam dan lada sulah dan tuangkan ke atas buah dan keju. Kacau semuanya dengan baik dan biarkan ia curam sedikit.
3. Susun keju dan salad buah yang telah siap di atas daun salad dan hidangkan.

## 67. Salad buah dengan balutan buah

**bahan-bahan**

*Untuk pembalut:*

- 3 buah kiwi
- 2 pir (dikupas)
- Untuk salad:
- 2 biji pisang
- 2 biji mandarin
- 150 g anggur (biru dan putih; tanpa biji)
- 1 buah kiwi
- 1 buah pir
- 1 epal
- 1 genggam walnut (atau hazelnut)
- 4 sudu besar gula

**persiapan**

1. Untuk salad buah dengan balutan buah, sediakan salad buah daripada buah-buahan.
2. Kupas dan pisahkan epal dan pir, keluarkan inti dan potong buahnya semula.
3. Dalam periuk kecil, kukus kepingan epal dan pear dengan sedikit air dan 1 sudu besar gula sehingga al dente.
4. Kupas dan hiris kiwi dan pisang, cuci anggur, petik batangnya.

5. Kupas mandarin dan bahagikannya kepada kepingan, cincang kasar kacang.
6. Campurkan buah-buahan dengan baik dalam mangkuk besar.
7. Untuk pembalut, kupas kiwi dan pear. Keluarkan inti dari pear dan letakkan buah dalam bikar adunan tinggi.
8. Haluskan dengan 3 sudu besar gula dengan pengisar tangan.
9. Tuangkan dressing ke atas buah dan hidangkan salad buah dengan dressing buah yang ditaburi kacang cincang.

## 68. Salad buah bakar dengan gratin sejuk

**bahan-bahan**

- 500 g kuark
- 250 ml krim putar
- 1 biji pisang (dihiris)
- 10 strawberi (potong dadu)
- 10 biji anggur (putih, dibelah dua)
- 1 secubit gula
- 1 peket rangup
- 1 paket kepingan badam
- 1 paket gula vanila

**persiapan**

1. Untuk salad buah, edarkan buah-buahan dalam mangkuk. Campurkan quark dengan krim putar dan tambah gula. Tuangkan adunan ke atas buah dan ratakan semuanya.
2. Campurkan kepingan badam, gula rapuh dan vanila dan taburkan dengan kuat di atasnya. Letakkan di dalam peti sejuk selama sekurang-kurangnya 60 minit.

# 69. Salad buah dengan quinoa rangup

**bahan-bahan**

- 40 g quinoa
- 0.5 sudu teh minyak kuman gandum
- 3 sudu teh sirap maple
- 125 ml susu mentega
- 2 biji aprikot
- 200 g beri (campur)

**persiapan**

1. Untuk wanita hamil dan menyusu: muesli yang enak
2. Quinoa, bijirin seperti bijirin dari Amerika Tengah, sangat berharga kerana kandungan protein, zat besi dan kalsium yang tinggi. Mereka kecil dan mempunyai rasa yang sangat lembut. Sama seperti Kukuruz, anda boleh "pop" mereka. Tetapi pastikan ia tidak terlalu gelap. Anda boleh menghiasi salad dengan satu sudu ais krim vanila untuk pencuci mulut.
3. Tutup quinoa dalam kuali dengan minyak dan panaskan dengan api perlahan sehingga ia pecah. Selepas 1 hingga 2 minit, tambahkan satu pertiga daripada sirap maple dan bakar sebentar, tuangkan ke atas papan sejuk dan

ratakan. Campurkan susu mentega dengan baki sirap, pindahkan ke mangkuk. Bilas buah, beri bersih, potong aprikot menjadi kepingan. Edarkan kedua-duanya sama rata dalam mentega. Kemudian taburkan quinoa yang telah disejukkan di atas.

4. Quinoa pop juga boleh membuat ais krim yang sangat baik: Bekukan seperempat liter susu mentega. Keluarkan dari peti sejuk dan campurkan dengan 50 g madu dan 1 secubit serbuk vanila sehingga berkrim. Seterusnya, putar 0.2 liter krim putar dan kacau dengan cepat ke dalam mentega. Akhir sekali, kacau dalam quinoa yang telah disejukkan - disediakan seperti yang diterangkan di atas - dan bekukan di dalam peti sejuk selama sekurang-kurangnya 6 jam. Masukkan ke dalam peti sejuk 30 minit sebelum makan. Bawa buah-buahan segar atau mungkin krim putar separa keras di atas meja.

## 70. Salad buah dengan sirap chachacha

**bahan-bahan**

*Sirap pudina chachacha:*

- 100 g gula
- 200 ml air
- 200 ml oren (jus)
- 3 pudina
- 2 ulas
- 6 sudu besar chachacha; schnapps tebu putih

*Salad buah:*

- 1 mangga 650 g
- 1 betik 450 g
- 1 biji nanas 1.5 kg
- 4 tamarillos
- 3 biji oren
- 250 g tentera bumi
- 125 g currant
- 1 buah markisa
- 3 pudina

**persiapan**

1. Untuk sirap, rebus gula dengan 200 ml air, jus oren dan batang pudina secara terbuka sirap. Masukkan bunga cengkih dan biarkan

sejuk. Masukkan chachacha dan biarkan sejuk.
2. Keluarkan kulit dari mangga, betik, dan nanas untuk salad. Potong daging mangga dari batu. Betik separuh dan keluarkan biji dengan sudu. Belah dua buah nanas dan keluarkan batangnya. Potong buah menjadi kepingan bersaiz gigitan. Potong tamarillo pada batang, letakkan dalam air mendidih selama 1 minit, padamkan dan kupas. Potong buah menjadi kepingan setebal 1/2 cm. Keluarkan kulit putih oren dari kulitnya dan keluarkan fillet di antara kulit yang memisahkan. Basuh, toskan, separuh atau perempatkan strawberi. Bilas currant, toskan mereka. Belah separuh buah markisa.
3. Keluarkan pudina dan bunga cengkih dari sirap. Campurkan buah-buahan dengan sirap, perap selama 10 minit. Petik daun pudina dan taburkan ke atas salad buah.

## 71. Salad buah dengan sos minuman keras

**bahan-bahan**

- 2 biji pisang
- 2 biji epal
- 2 sudu besar lemon (jus)
- 125 g anggur
- 2 biji oren
- 4 biji aprikot
- 2 sudu besar gula

*Untuk sos minuman keras:*

- 1 pek krim segar (150g)
- 3 sudu besar Grand Marnier
- 30 g biji hazelnut

**persiapan**

1. Keluarkan kulit pisang dan potong kecil. Keluarkan kulit dari epal, suku, inti dan potong. Lumurkan kedua-dua bahan dengan jus lemon. Bilas anggur, toskan dengan baik, keluarkan batangnya, potong separuh dan inti. Keluarkan kulitnya, buang kulit putihnya dan potong oren menjadi kepingan. Bilas aprikot, potong separuh, inti dan potong ke dalam baji. Campurkan bahan dengan gula dan bentuk dalam mangkuk.

2. Untuk sos minuman keras, kacau crème fraîche dengan Grand Marnier, potong biji hazelnut menjadi kepingan kecil, lipat dan tuangkan sos ke atas acuan buah.

## 72. Salad buah Mediterranean

**bahan-bahan**

- 3 biji delima
- 3 biji oren
- 3 biji limau gedang (merah jambu)
- 4 buah ara
- buah pelaga
- 15 hari gula
- 1/4 l jus buah, dikumpul (jika tidak tambah jus oren)

**persiapan**

1. Untuk salad buah Mediterranean, isi oren dan limau gedang: kupas kulitnya, termasuk kulit dalaman putih, sambil mengumpul jus. Kemudian lepaskan bahagian buah dari membran nipis dan kumpulkan jus.
2. Keluarkan biji dari buah delima.
3. Basuh buah tin dengan berhati-hati dan potong menjadi kepingan.
4. Cairkan gula (tanpa lemak) dalam periuk kecil dan perang (karamel).
5. Tuangkan jus yang dikumpul, perasakan dengan buah pelaga dan biarkan sejuk.

6. Masukkan buah-buahan, kacau dengan teliti dan biarkan salad buah Mediterranean memerap sekurang-kurangnya 3 jam.

## 73. Wafel soba dengan salad buah

**bahan-bahan**

- 80 g mentega
- 75 g madu akasia
- 2 biji telur
- 0.5 pod vanila (pulpa)
- 90 g tepung soba
- 80 g tepung gandum
- 1 sudu teh serbuk penaik (tartar)
- 150 ml air mineral
- 100 g keju dadih
- 50 g yogurt (semula jadi)
- 1 sudu besar sirap maple
- 1 epal
- 1 buah pir
- 250 g beri
- lemon (jus)
- 1 serbuk halia

**persiapan**

1. Jenis tepung keseluruhan rasanya sangat enak dalam wafel yang baru dibakar. Mereka juga bertahan dengan sedikit lemak. Ringkasnya: snek sihat antara waktu makan.
2. Campurkan mentega dengan madu sehingga berkrim. Campurkan telur dan pulpa vanila.

Campurkan kedua-dua jenis tepung dengan serbuk penaik. Campurkan adunan ke dalam adunan telur. Masukkan air mineral secukupnya untuk membuat doh likat. Rendam doh sekurang-kurangnya 15 minit. Jika perlu, tambahkan lagi air mineral dan kemudian bakar wafel dari 2 hingga 3 sudu besar sehingga doh diproses. Kacau keju dadih dengan yogurt sehingga rata dan manis dengan separuh daripada sirap maple. Bilas epal, pir dan beri. Seperempat epal dan pir, keluarkan inti dan potong kiub. Siram kiub dengan sedikit jus lemon. Pilih beri dan campurkan dengan buah yang lain. Perasakan salad buah dengan baki sirap maple dan serbuk halia. Sapukan sedikit keju dadih di antara dua wafel yang "

3. Jika anda tidak mempunyai tepung soba di rumah, anda hanya boleh menggunakan tepung gandum.

## 74. Muesli dengan salad buah eksotik

**bahan-bahan**

- 1 biji nanas
- 1/2 buah tembikai Charentais
- 1 buah mangga
- 1 buah kiwi
- 1 buah betik
- 8 buah strawberi
- Oatmeal bijirin penuh
- Serpihan gandum utuh
- empingan jagung
- Biji hazelnut
- kenari
- susu
- yogurt
- Lapis keju

**persiapan**

1. Keluarkan kulit buah (bergantung pada musim dan rasa), keluarkan batu, potong dadu dan gaul. Bawa bahan muesli ke meja dalam mangkuk pembakar kecil seperti yang dikehendaki dan bawa bersama produk tenusu dan salad buah. Jika anda suka, anda boleh memaniskan semuanya dengan madu atau gula.

2. Petua: Gunakan yogurt semulajadi berkrim untuk hasil yang lebih halus!

## 75. Salad buah Asia dengan mi kaca

**bahan-bahan**

- 1 oren
- 1 paket kacang
- 1 paket mee kaca
- Sayang
- Daun pudina
- 12 biji laici
- 0.5 pepperoni
- gula

**persiapan**

1. Hidangan pasta yang hebat untuk setiap majlis:
2. Campurkan separuh pepperoni yang dicincang dan mi kaca yang dimasak dalam gula. Letakkan oren fillet di atas dan hiaskan dengan daun pudina.

## 76. Salad buah pedas

**bahan-bahan**

- 1/2 biji tembikai (sebaik-baiknya tanpa biji)
- 1 pc. Mangga (lembut)
- 250 g strawberi
- 150 g feta
- Cuka balsamic (gelap, secukup rasa)
- Lada (baru dikisar, berwarna, secukup rasa)

**persiapan**

1. Untuk salad buah pedas, potong semuanya menjadi kepingan kecil dan susun di atas pinggan besar.

## 77. Tembikai dengan laici dan nanas

## bahan-bahan

- 1 keping tembikai (besar atau 1/2 biji tembikai)
- 1 dos (s) laici
- 400 g nanas (atau strawberi, segar)
- 5 sudu besar halia (dalam tin)
- Beberapa sudu besar minuman keras buah

## persiapan

1. Untuk tembikai dengan laici dan nanas, potong dan buka tembikai untuk mengisi salad buah yang telah siap ke dalam mangkuk.
2. Potong dadu daging tembikai, jika perlu potong dadu juga buah-buahan yang lain. Tuangkan minuman keras ke atas buah jika suka.
3. Potong halus halia dan gaulkan semuanya. Sejukkan selama beberapa jam.
4. Sebelum dihidangkan, tuangkan buah ke dalam separuh kulit tembikai dan hidangkan tembikai dengan laici dan nanas.

## 78. Telur dan salad buah

**bahan-bahan**

- 4 biji telur
- 300 g baji pir
- 400 g baji epal
- 0.3 kg yogurt
- 2 keping roti makan penuh (dipotong dadu halus)
- 2 sudu besar lemon (jus)
- 2 sudu besar madu

**persiapan**

1. Rebus telur untuk telur dan salad buah selama 10 minit, bilas, dan kupasnya.
2. Asingkan putih telur dan kuning telur. Cincang halus putih telur.
3. Campurkan kuning telur dengan yogurt untuk sos dan perasakan dengan jus lemon. Panaskan madu dan sayukan kiub roti bijirin penuh di dalamnya.
4. Susun hirisan epal dan pear di atas pinggan. Tuangkan putih telur cincang dan sos yogurt ke atasnya dan taburkan telur dan salad buah dengan kiub roti keseluruhan hidangan.

## 79. Salad buah pir dan anggur

**bahan-bahan**

- 2 biji pir
- 15 hari anggur biru (tanpa biji)
- 15 biji anggur putih (kecil, tanpa biji)
- 5 hari hazelnut

sos:

- 100 ml jus anggur (merah)
- 1 sudu besar jus lemon
- 3 sudu besar madu (atau gula)
- 1 sudu besar grappa

**persiapan**

1. Letakkan hazelnut pada lembaran penaik untuk salad pir dan anggur lebih kurang. 120 ° C sehingga mereka wangi. Gosok cangkerang dengan tuala teh sepanas mungkin dan potong kacang.
2. Basuh anggur, petik dari pokok anggur dan potong separuh jika perlu.
3. Kupas dan potong pir, keluarkan inti dan potong dadu. Segera renjiskan dengan jus lemon untuk mengelakkan kepingan menjadi coklat.

4. Campurkan jus anggur dengan madu (gula) dan grappa dan perasakan secukup rasa.
5. Campurkan buah-buahan dan renjiskan dengan jus.
6. Hidangkan salad pear dan anggur yang ditaburkan dengan hazelnut yang dicincang.

## 80. Salad buah-buahan dengan Campari

**bahan-bahan**

- 2 biji limau gedang (merah jambu)
- 3 biji oren
- 1 buah pir
- 1 epal
- 3 Campari
- 1 paket gula vanila

**persiapan**

1. Untuk salad buah dengan Campari, isi limau gedang dan 2 oren: kupas kulit, termasuk kulit dalaman putih, sambil mengumpul jus. Kemudian lepaskan bahagian buah dari membran nipis dan kumpulkan jus.
2. Perah baki oren.
3. Kupas dan pisahkan epal dan pir, keluarkan inti dan potong.
4. Campurkan jus oren dan limau gedang, Campari dan gula vanila sehingga gula larut.
5. Campurkan buah-buahan dalam mangkuk dan tuangkan jus ke atasnya.
6. Sejukkan salad buah dengan Campari dan biarkan ia curam selama sejam.

## 81. Pembalut masam manis

## bahan-bahan

- 2 biji bawang merah (sederhana)
- 250 ml jus nanas
- 100 ml cuka
- 3 sudu sos tabasco
- 3 sudu besar gula (perang)
- 3 sudu besar jem nanas
- Lada (baru dikisar)

## persiapan

1. Kupas bawang untuk berpakaian masam manis dan potong sangat halus.
2. Cairkan gula bersama jus nenas di atas api sederhana. Seterusnya, masukkan bawang besar dan panaskan. Akhir sekali, masukkan sos tabasco, lada sulah, jem dan cuka.
3. Jika perlu, cairkan pembalut masam manis dengan sedikit air.

## 82. Krim eggnog

## bahan-bahan

- 2 biji kuning telur
- 50 gram gula
- 20 g kanji jagung
- 100 ml susu ((1))
- 150 ml susu ((2))
- 1 buah vanila
- 150 ml krim berat (krim putar rendah lemak)
- 100 ml minuman keras telur

## persiapan

1. Untuk krim eggnog, campurkan jagung, gula, kuning telur dan susu dalam mangkuk pembakar untuk membentuk krim yang licin.
2. Dalam kuali, tarik susu dan buah vanila yang dihiris memanjang bersama biji yang dikikis dan biarkan curam selama 10 minit. Kemudian keluarkan pod vanila.
3. Didihkan lagi susu vanila dan tuangkan ke atas ais, kacau sentiasa. Masukkan semula semuanya ke dalam kuali dan panaskan, kacau, sehingga krim mula pekat. Segera tuangkan ayak ke dalam mangkuk yang sesuai dan letakkan filem berpaut pada krim supaya tiada kulit boleh terbentuk apabila ia sejuk.

Biarkan sejuk selama sekurang-kurangnya 120 minit.
4. Sejurus sebelum dihidangkan, pukul krim putar rendah lemak sehingga kaku. Kacau eggnog ke dalam krim, kemudian kacau dalam krim putar. Isikan krim minuman keras telur ke dalam mangkuk pencuci mulut dan taburkan dengan sapuan krim atau mungkin buah manisan parut mengikut kehendak anda.

83. Parfait anggur biru dengan salad oren dan anggur

**bahan-bahan**

*sempurna:*

- 500 g anggur biru aromatik
- 75 gram gula; bergantung kepada kemanisan buah anggur
- 100 ml jus oren (diperah)
- 100 g gula
- 4 biji kuning telur
- 500 ml krim putar

*Salad buah:*

- 200 g anggur
- 200 g anggur
- 2 oren; isi
- 2 sudu besar minuman keras oren
- 4 sudu besar badam (serpihan)

**persiapan**

1. Masukkan anggur, gula, dan jus oren dalam periuk untuk parfait. Panaskan sambil dikacau sehingga anggur pecah. Tumbuk anggur sebanyak mungkin. Sebarkan semuanya melalui ayak, kumpulkan jus dan biarkan ia sejuk.

2. Pukul kuning dengan gula dan 50 ml jus anggur dalam mandi air panas sehingga pekat dan berkrim, kemudian pukul mereka dalam air sejuk. Kacau dalam baki jus anggur. Pukul krim putar sehingga kaku dan kacau. Masukkan semuanya ke dalam balang plastik yang boleh ditutup dan beku selama satu malam.
3. Untuk salad buah, bilas, belah dua dan inti anggur. Seterusnya, fillet oren, kumpulkan jus. Campurkan jus dengan minuman keras oren dan perap sebentar bahagian anggur dan fillet oren.
4. Untuk menghidangkan, letakkan bola parfait anggur di atas pinggan, di sebelahnya sedikit salad anggur dan oren. Taburkan daun salad dengan kepingan badam panggang.

## 84. Terrine keju dengan walnut

bahan-bahan

- 100 g walnut (dicincang)
- 200 g mascarpone
- 2 biji telur
- 2 biji kuning telur
- 30 ml calvados
- 50 g lobak merah
- 2 biji pir
- 20 g gula
- 20 ml ceri

persiapan

1. Campurkan walnut dengan mascarpone, telur, kuning telur dan calvados dan letakkan dalam hidangan kalis ketuhar. Kemudian bakar dalam ketuhar pada 200 ° C selama setengah jam yang baik. Untuk salad buah, kupas dan parut lobak merah dan pear. Kemudian campurkan dengan gula dan ceri. Akhir sekali, potong keju terrine dan bawa ke meja dengan salad.

## 85. Salad broker

**bahan-bahan**

- 2 sudu besar madu
- 8 pudina (daun)
- 1/2 pek kacang pain
- gula serbuk
- 2 biji lemon (jusnya)

**persiapan**

1. Untuk salad medlar, kupas dan inti medlar, potong kecil dan perasakan dengan sedikit madu dan jus lemon. Campurkan separuh daripada kacang pain.
2. Kemudian masukkan ke dalam gelas pencuci mulut. Taburkan baki kacang pain di atas, taburkan dengan gula tepung dan hiasi salad medlar dengan daun pudina.

## 86. Pakaian Perancis

## bahan-bahan

- 0.5 tandan chervil
- 0.5 tandan tarragon
- 2 helai daun lovage (segar)
- 2 tangkai pasli
- 1 sudu teh garam
- 0.5 sudu kecil garam saderi
- 1 biji telur (direbus)
- 4 sudu besar minyak
- 1 sudu teh mustard (panas)
- 6 sudu besar cuka
- 1 keping quark bertimbun
- 2 sudu besar mayonis
- 4 sudu besar krim putar (segar)

## persiapan

1. Selepas sejuk, bilas herba, kupas kasar dan keluarkan batangnya. Haluskan daun dengan garam dan garam saderi kepada puri (atau puri 1/2 sudu teh setiap chervil kering dan tarragon) dan secubit lovage kering yang baik dengan pasli segar, garam dan 1 titis air dan biarkan selama 2 jam).
2. Keluarkan telur dari cangkerang dan bentukkan kuning telur menjadi puri herba.

Masukkan bahan-bahan yang tinggal. Pukul semuanya dengan pukul sehingga licin tetapi tidak berkrim. Potong putih telur ke dalam kepingan kecil dan kacau pada akhir.

3. Anda boleh kacau dalam 1-2 sudu besar sos tomato gaya Amerika jika anda suka.
4. Sos ini sesuai untuk salad daging, salad sosej, sayuran sejuk seperti tomato, kembang kol, asparagus, hati articok, untuk ham rebus dan telur rebus.
5. Salad saderi, dimasak, langoustine, avokado, chicory, dressing, salad buah-buahan, potongan sejuk, lidah, sosej

## 87. Salad buah hering

## bahan-bahan

- 8 keping fillet herring (dua kali ganda, jeruk nipis)
- 2 biji oren
- 1 pc. Mangga (masak)
- Untuk perapan:
- 1 tandan dill
- 1 oren
- 1 secubit gula
- lada
- garam
- 2 sudu besar krim putar
- 150 g crème fraîche
- 100 ml krim putar (pukul hingga kaku)

## persiapan

1. Potong fillet herring menjadi kepingan 2-3 cm panjang.
2. Kupas dan suku dua oren dan potong ke dalam baji tebal. Kupas mangga dan potong dadu daging dari batu. Ketepikan sedikit buah untuk hiasan. Campurkan kepingan buah yang tinggal dengan kepingan herring.
3. Pertama, perapan memetik bendera dill, mengambil kira-kira 2 sudu besar untuk

hiasan. Perah oren. Campurkan jus oren dengan gula, lada sulah, garam, lobak pedas dan crème fraîche. Campurkan krim putar dan akhir sekali kacau dalam dill.

4. Campurkan campuran buah dan ikan dengan bahan perapan dan biarkan ia curam. Hiaskan salad herring dengan baki buah dan bendera dill sebelum dihidangkan.

## 88. Ais krim dengan sos kacang dan salad buah

## bahan-bahan

- 8 genggam putih telur (atau ais hancur)
- Pes kacang (merah)
- 250 ml sirap gula
- 3 sudu besar ceri amaretto (untuk hiasan)
- Untuk salad buah:
- Buah-buahan (cth, pic, strawberi, mengikut kesukaan anda)
- Jus lemon
- gula

## persiapan

1. Campurkan pes kacang dengan sirap gula untuk ais krim dengan sos kacang dan salad buah. Mula-mula, tuangkan salji ais ke dalam gelas wain. Seterusnya, letakkan satu sudu kecil pes kacang di atas dan satu sudu salad buah. Hiaskan dengan ceri amaretto dan hidangkan.

## 89. Nasi Strawberi pada Salad Buah

**Bahan-bahan untuk 2 hidangan**

- 500 g buah segar (secukup rasa)
- 0.5 cawan krim putar
- 3 sudu strawberi Mövenpick
- 5 titik jus lemon

**persiapan**

1. Basuh, kupas dan potong buah-buahan, letakkan di atas pinggan dan gerimis dengan jus lemon.
2. Letakkan ais krim strawberi pada salad buah.
3. Hiaskan dengan krim putar dan kon ais krim.

## 90. Salad buah dengan alpukat dan yogurt

**bahan-bahan**

- 1 epal
- 1 buah alpukat
- 1/2 biji mangga
- 40 g strawberi
- 1/2 buah lemon
- 1 sudu besar madu
- 125 g yogurt semulajadi
- 2-3 sudu besar kepingan badam

**persiapan**

1. Pertama, untuk salad buah dengan alpukat dan yogurt, basuh epal dan keluarkan inti dan dadu. Seterusnya, inti avokado dan mangga dan juga potong kiub. Basuh strawberi dan potong separuh. Akhir sekali, potong lemon dan keluarkan jus daripada separuh.
2. Campurkan yogurt asli dan madu dengan baik. Tuangkan bahan yang telah dipotong ke dalam mangkuk yang lebih besar dan masukkan campuran madu dan yogurt. Salad buah dengan alpukat dan yogurt, taburkan dengan badam dan hidangkan.

## 91. Salad buah-buahan yang ringkas

**bahan-bahan**

- 1/2 buah betik dicincang
- 1/2 buah tembikai dicincang
- 1 epal cincang besar
- 2 biji pisang
- 3 jus oren

**persiapan**

1. Basuh semua buah dengan baik. Jika ragu-ragu, baca artikel kami tentang membasmi kuman buah dan sayur dengan betul.
2. Keluarkan kulit betik dan bijinya.
3. Potong segi empat sama.
4. Keluarkan kulit dan biji dari tembikai.
5. Potong segi empat sama.
6. Belah dua pisang dan kemudian potong empat segi.
7. Perah oren untuk mengeluarkan jus, tapis untuk mengeluarkan biji dan ketepikan.
8. Potong epal dan keluarkan hanya inti. Simpan mangkuk.
9. Campurkan perlahan-lahan semua buah kecuali pisang dalam mangkuk besar.
10. Lumurkan adunan dengan jus oren.

11. Keluarkan peti sejuk selama kira-kira 30 minit.
12. Masukkan pisang sejurus sebelum dihidangkan.

## 92. Salad buah-buahan tradisional

## bahan-bahan

- 2 kotak strawberi
- 1 biji betik dihiris tanpa kulit atau biji
- oren dihiris
- 4 biji epal
- 1 biji nanas
- 5 biji pisang dicincang
- 3 tin susu pekat (mungkin bebas laktosa)
- 3 krim (boleh bebas laktosa)

## persiapan

1. Basuh buah-buahan dengan baik.
2. Keluarkan semua buah dan biji.
3. Potong nenas kemudian potong dadu.
4. Potong epal menjadi empat segi.
5. Potong pisang menjadi kepingan tebal sedikit dan ketepikan.
6. Potong betik yang telah dikupas dan biji menjadi kepingan.
7. Masukkan semua buah dalam mangkuk besar.
8. Masukkan susu pekat dan krim dan kacau perlahan-lahan supaya buah tidak pecah.
9. Sejukkan selama 1 jam.
10. Hidangkan sejuk!

## 93. salad buah berkrim

## bahan-bahan

- 4 biji epal
- 4 buah kiwi
- 3 biji pisang perak
- 1 buah betik besar
- 1 kotak strawberi
- 1 tin pic dalam sirap
- 1 tin krim masam
- 1 tin susu pekat

## persiapan

1. Basuh semua buah-buahan.
2. Keluarkan pips dan pit dari epal, kiwi, betik dan daun strawberi.
3. Potong semua buah menjadi empat segi.
4. Perlahan-lahan campurkan buah-buahan dalam mangkuk.
5. Pukul krim dan susu pekat dengan pengadun elektrik atau dengan bantuan pemukul kepada pes berkrim.
6. Masukkan pes yang disebat ke dalam buah-buahan dan kacau sedikit lagi.
7. Masukkan pic dalam sirap, juga dicincang halus. Nikmati sedikit sirap untuk menambah rasa dan melembapkan salad.

8. Tuangkan baki krim dan pes susu pekat ke atas adunan yang telah siap.
9. Letakkan di tempat yang sejuk dan biarkan selama kira-kira 1 jam.
10. Hidangkan sejuk!

## 94. Salad buah dengan susu pekat

## bahan-bahan

- 5 biji epal
- 5 biji pisang
- 3 biji oren
- 15 biji anggur dibelah dua tanpa biji
- 1 buah betik
- 1/2 buah tembikai
- 4 biji jambu batu
- 4 buah pir
- 6 buah strawberi
- 1 tin susu pekat

## persiapan

1. Basuh buah-buahan dengan baik.
2. Tempahan.
3. Buang biji dan buah, batang dan daun.
4. Dalam mangkuk, potong semua buah menjadi empat segi.
5. Kacau perlahan sehingga semuanya sebati.
6. Masukkan susu pekat dan sejukkan lebih kurang 1 jam.
7. Hidangkan sejuk atau pada suhu bilik.

## 95. Salad buah dengan krim masam

## bahan-bahan

- 3 biji pisang
- 4 biji epal
- 1 buah betik kecil
- 2 biji oren
- 10 buah strawberi
- 15 biji anggur pilihan anda
- 1 tin krim berat (boleh bebas laktosa)
- 1/2 cawan gula (pilihan)
- Petua tambahan: anda boleh memaniskannya dengan sedikit madu jika suka.

## persiapan

1. Basuh buah-buahan dengan baik.
2. Keluarkan buah dan biji.
3. Potong menjadi kepingan kecil, sebaik-baiknya segi empat sama.
4. Masukkan buah-buahan ke dalam mangkuk.
5. Potong semua buah menjadi kepingan kecil dan ketepikan dalam mangkuk.
6. Pukul krim kental (dengan gula jika dikehendaki) dalam pengisar selama kira-kira 1 minit.

7. Tuangkan krim putar ke dalam mangkuk dengan buah-buahan dan kacau perlahan-lahan sehingga semuanya sebati.
8. Letakkan di tempat yang sejuk dan hidangkan sejuk.

## 96. Salad buah-buahan yang sepadan

**bahan-bahan**

- 1 cawan beri hitam
- 4 oren kecil
- 1 cawan teh strawberi
- 1/2 cawan teh anggur pilihan anda
- 1 sudu teh madu
- 2 sudu besar jus oren asli;
- 1/4 periuk yogurt Yunani

**persiapan**

1. Membasmi semua buah-buahan.
2. Keluarkan kulit dan bijinya (kecuali anggur).
3. Masukkan semua buah-buahan dan yogurt Yunani ke dalam mangkuk.
4. Kacau perlahan sehingga semuanya sebati.
5. Tuangkan madu ke atas salad buah dan sejukkan.
6. Angkat dan hidangkan!

## 97. Salad buah gourmet

**bahan-bahan**

- 1/2 buah betik
- 1/2 cawan teh strawberi
- 1 oren
- 1 epal
- Madu secukup rasa

Untuk sos:

- 2 sudu besar jus oren
- 1/2 periuk yogurt hidangan keseluruhan kosong (boleh bebas laktosa)
- 4 helai daun pudina dihiris

**persiapan**

1. Selepas membasmi kuman semua buah, keluarkan kulit, biji dan daun.
2. Potong kotak kecil dan masukkan ke dalam mangkuk besar.
3. Dalam bekas lain, satukan yogurt, jus oren dan daun pudina.
4. Tuangkan sos ke dalam mangkuk buah, kacau perlahan-lahan.
5. Bahagikan salad buah ke dalam mangkuk kecil dan sejukkan.

6. Hidangkan bersama daun pudina dan madu sebagai hiasan.

## 98. Salad buah dengan sos yogurt

**bahan-bahan**

- 500 g strawberi
- 2 sudu besar gula
- 0.5 charantais atau tembikai madu
- 200 g plum cth biru dan kuning
- 4 sudu besar jus limau nipis (atau jus lemon)
- 1 cawan (236 ml) hirisan nanas
- 150 g yogurt krim
- 1 paket gula vanila
- Mungkin sedikit pudina segar

**persiapan**

1. Bilas dan bersihkan strawberi dan belah dua atau suku mengikut saiz. Taburkan gula dalam mangkuk pembakar. Tutup dan lukis selama kira-kira 15 minit.
2. Iriskan tembikai dan potong menjadi kepingan. Potong daging dari kulit. Bilas plum dan potong ke dalam baji dari batu. Siram dengan limau nipis atau jus lemon. Campurkan bahan yang disediakan.
3. Untuk sos nenas, potong kiub kecuali 1 keping dan kisar bersama jusnya. Masukkan yogurt dan gula vanila. Pada bentuk salad buah.

4. Potong selebihnya nanas menjadi kiub. Potong pudina jika suka. Taburkan kedua-duanya di atas daun salad.

## 99. Salad buah dengan sos yogurt vanila

**bahan-bahan**

*buah:*

- 2 biji epal
- 1 pisang
- Jus 1/2 lemon
- 2 biji oren

*sos:*

- 1 biji putih telur
- 2 sudu besar gula
- 1 buah vanila
- 75 g yogurt
- 1 biji kuning telur
- 100 g krim putar

**persiapan**

1. Potong epal menjadi kepingan, potong pisang dan renjiskan dengan jus lemon. Potong oren menjadi kepingan. Edarkan buah secara sama rata pada empat pinggan.
2. Pukul putih telur hingga kaku, taburkan gula untuk sos. pod vanila. Kikis, kacau dengan yogurt dan kuning telur. Pukul krim putar hingga kaku, lipat bersama putih telur. Kepada bentuk buah.

## 100. Salad buah cepat

**bahan-bahan**

- 1 epal (sederhana)
- 1 pisang
- 1 genggam anggur
- beberapa buah strawberi
- beberapa buah ceri (diadu)
- 1 tin (s) koktel buah
- limau
- Gula tebu (jika perlu)

**persiapan**

1. Untuk salad buah cepat, basuh, potong dan inti buah jika perlu. Siram pisang dengan jus lemon untuk mengelakkannya daripada menjadi coklat.
2. Masukkan semuanya ke dalam mangkuk dengan koktel buah dan perasakan dengan gula tebu dan gula vanila.

# KESIMPULAN

Salad buah-buahan perlu dimasukkan ke dalam mana-mana diet untuk mencegah kanser dan penyakit jantung. Akibatnya, orang akan mempunyai lebih banyak tenaga untuk bersenam, dan mereka akan berusaha untuk mengurangkan jumlah natrium dan kolesterol dalam aliran darah mereka. Salad buah-buahan adalah hidangan sihat yang boleh dimakan sebagai snek atau pengganti makanan dan harus dimasukkan ke dalam diet setiap orang.

www.ingramcontent.com/pod-product-compliance
Lightning Source LLC
Chambersburg PA
CBHW070657120526
44590CB00013BA/1000